DIESES ALBUM
IST NUR FÜR:

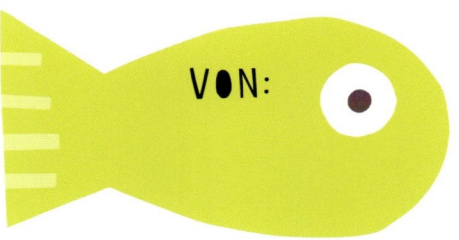

VON:

Marlene Fritsch

DU BIST WAS GANZ BESONDERES

Das Erstkommunionalbum für
mein Patenkind

Mit Bildern von Anja Boretzki

Patmos Verlag

LIEBES PATENKIND!

Als du auf die Welt kamst, haben deine Eltern mich gefragt, ob ich dich begleiten möchte und für dich da sein kann, bis du groß bist, denn ich glaube, das ist damit gemeint, wenn man Patin oder Pate wird. Wir kennen uns also schon dein ganzes Leben lang. Ist das nicht verrückt?

Ich war bei deiner Taufe dabei, habe dich gehalten, ein Versprechen gegeben in der Kirche – dir und mir und deinen Eltern. Und ich habe dich aufwachsen sehen.

Und heute ist nun schon – für dich wahrscheinlich endlich! – der Tag deiner Erstkommunion! Ich bin stolz und froh, dass ich diesen Tag mit dir und allen deinen Lieben feiern darf.

Dieses Buch ist nur für dich. Es soll dich an diesen unvergesslichen und besonderen Tag erinnern. Und es soll dich immer wieder daran erinnern, dass du für mich etwas ganz Besonderes bist – mein Patenkind eben. Das heißt: Du bist zwar nicht mein Kind, aber du bist doch auch ganz anders als die übrigen Menschen in meinem Leben – irgendwie näher dran. Nicht nur heute, am Tag deiner Erstkommunion, sondern auch an jedem anderen Tag.

Alles Liebe, deine Patin / dein Pate

DU BIST WAS GANZ BESONDERES!

So lange hast du dich auf diesen Tag vorbereitet, so lange darauf hingefiebert – jetzt ist er endlich da! Und damit du all das Schöne dieses Tages nicht vergisst, ist auf den folgenden Seiten Platz, die wichtigsten Dinge aufzuschreiben und festzuhalten.
Und das beginnt wohl damit, dass du hier einträgst, wer du bist und wem dieses Album eigentlich gehört.

DAS BIN ICH!

Ich heiße

Ich bin   Jahre alt und wohne in

Zu meiner Familie gehören noch

Meine liebste Freizeitbeschäftigung ist

In der Schule mache ich am liebsten

Mein bester Freund/meine beste Freundin heißt

Das mag ich an meinem Zuhause:

Das mag ich nicht:

Das würde ich mir wünschen:

In meinem Zimmer ist mir wichtig:

Meine Lieblingsfarbe:

Wenn ich Musik höre, höre ich am liebsten:

Das sind meine Stärken:

Das kann ich nicht so gut:

HIER KANNST DU EIN FOTO VON DIR EINKLEBEN:

UND VIELLEICHT HAST DU JA AUCH NOCH EINS VON UNS BEIDEN ZUSAMMEN?

DAS WAR WAS GANZ BESONDERES!

Du kannst dich sicher nicht mehr an deine Taufe erinnern, dafür warst du noch zu klein. Aber ich war dabei und erinnere mich genau an diesen Tag!

Dir wurde mit Chrisamöl ein Kreuz auf die Stirn gezeichnet. Und der Priester hat dir ein bisschen Wasser über den Kopf gegossen. Es gab noch mehr Zeichen – das Taufkleid, die Taufkerze –, aber sie alle wollen nur deutlich machen: An diesem Tag wurdest du in die große Gemeinschaft der Christen aufgenommen.

Damals haben deine Eltern und ich für dich gesprochen: das Vaterunser, das Taufbekenntnis. Du konntest ja noch nicht reden! Am Tag deiner Erstkommunion kannst du jetzt selbst sagen, dass du zu dieser großen Familie der Christen gehören möchtest.

Vielleicht schaust du mal mit Mama und Papa nach, wann deine Taufe war, falls du es nicht mehr weißt, und trägst es hier ein? Oder du fragst mich – diesen besonderen Tag werde ich sicher nicht vergessen!

Ich wurde getauft am _____ in _____

in der Pfarrgemeinde _____

Meine Taufpaten heißen _____

HAST DU NOCH EIN BILD VON DIR BEI DER TAUFE?
DANN KANNST DU ES HIER EINKLEBEN.

UND VIELLEICHT GIBT ES JA AUCH NOCH EINES
VON DIR UND MIR!

Am Tag deiner Erstkommunion hast du nun also selbst alle Gebete, alle Bekenntnisse gesprochen und schließlich hast du ganz allein, ohne deine Eltern und nur mit den anderen Kommunionkindern, zum ersten Mal am Altar gestanden und an der heiligen Kommunion teilgenommen. Ich fand es sehr aufregend, dich da stehen zu sehen!

Es war ein bisschen so, als würde ich dich loslassen, zumindest ein Stück. Denn jetzt bist du groß genug, dass du für dich selbst sprechen kannst.

Wie gut zu wissen, dass es da noch Gott gibt! Denn er bleibt – egal, wie groß oder klein du bist, egal, wie jung oder alt wir sind. Jesus hat zu seinen Jüngern gesagt: „Ich bin bei euch bis ans Ende aller Tage." Das finde ich eine wunderbare Vorstellung: Da ist jemand, der immer bei dir ist, der auch irgendwie immer auf dich aufpasst. Selbst dann, wenn deine Eltern und ich nicht mehr so nah bei dir sein können, weil du auch deine Freiheit brauchst.

Dann können wir dich gut gehen lassen, weil wir wissen, dass du in Gottes Händen geborgen bist.

Dein großer Tag
der Erstkommunion war am:

....

....

In der Pfarrkirche:

....

....

Deine schönste Erinnerung
an den Gottesdienst:

....

....

....

....

....

WIR GEHÖREN ZUSAMMEN

Eigentlich warst du aber auch am Altar nicht wirklich allein. Alle anderen, die sich mit dir auf die Erstkommunion vorbereitet haben, standen auch dort, ganz nah bei dir. Sicher habt ihr euch angesehen und vielleicht auch gelächelt. Und dabei gespürt: Da ist etwas, das uns verbindet. Miteinander und mit den anderen in der Kirche. Wenn du so willst, ist Gott der rote Faden, der alle zusammenhält, die auf seinem Namen getauft sind und gemeinsam Kommunion feiern, ob heute zum ersten Mal oder schon seit ganz langer Zeit.
Deine Freundinnen und Freunde, die heute mit dir zum ersten Mal am Altar stehen, sind dir an diesem Tag sicher besonders nah. Weil ihr in den Gruppenstunden schon viel Zeit miteinander verbracht habt. Und vielleicht auch einiges zusammen erlebt habt.

Lass auf dieser Seite die anderen aus deiner Gruppe unterschreiben – vielleicht haben sie auch noch einen guten Wunsch für dich oder etwas anderes, das sie dir mit auf den Weg geben möchten.

DAS WAR DEINE ERSTKOMMUNIONFEIER

HIER KANNST DU DAS LIEDBLATT DES GOTTESDIENSTES EINKLEBEN!

DAS WAR DEIN FEST!

Aber nicht nur die Messe ist an diesem Tag wichtig. Sondern auch das Feiern, das Zusammensein mit den Menschen, die dir nahe sind, das Genießen dieses besonderen Festes.

DAS WETTER AN DIESEM TAG WAR:

HIER HABEN WIR UNS NACH DER KIRCHE ZUM FEIERN GETROFFEN:

MIT DIR GEFEIERT HABEN:

DAS GAB ES ZU ESSEN:

DEINE SCHÖNSTE ERINNERUNG AN DIESE FEIER:

EIN GANZ BESONDERER TAG!

Hier kannst du die schönsten Fotos von deiner Erstkommunionfeier einkleben.

GUTE WÜNSCHE

Sicher sind Mama und Papa, deine Geschwister, deine Verwandten und vielleicht einige Freunde bei deinem Fest. Frag sie doch mal, ob sie einen Wunsch für dich aufschreiben möchten. Hier ist Platz dafür.

VON MIR – FÜR DICH!

Dieser Tag ist nicht nur für dich was ganz Besonderes, sondern auch für mich als deine Patin / dein Pate. Daher möchte ich dir einen ganz besonderen Wunsch mitgeben:

GESCHENKT!

„Was wünschst du dir denn zur Erstkommunion?"
Diesen Satz hast du in der letzten Zeit sicher oft gehört.
Und dir ist bestimmt einiges eingefallen!
Ich habe mir dazu auch lange Gedanken gemacht und hoffe
sehr, dass ich das Richtige für dich ausgesucht habe.
Spannend finde ich, dass einem manchmal nicht unbedingt die
größten und wertvollsten Geschenke im Kopf bleiben, sondern
kleine und eigentlich sogar wertlose Sachen wichtig sind.
Das alte Kuscheltier zum Beispiel, das noch immer in deinem
Bett sitzt, oder der wunderbar runde Stein, den du letztes
Jahr aus dem Urlaub mitgebracht hast.
Vielleicht ist es auch die Erinnerung an etwas, das du mit
Mama oder Papa oder deinem besten Freund oder deiner
besten Freundin unternommen hast – Eis essen oder Zelten
im Garten oder Kino oder das Kuscheln vor dem Kamin.
Vielleicht auch etwas, das wir beide zusammen gemacht haben?
Irgendwie ist all das auch ein Geschenk – nur anders verpackt!

Wenn du magst, kannst du hier notieren, welche Momente dir von deinem Erstkommuniontag im Gedächtnis geblieben sind:

Und hier, welche Dinge dir besonders wichtig sind – zum Beispiel dein altes Kuscheltier – und an welche Erlebnisse in deinem Leben du dich besonders gern erinnerst:

WÜNSCHE ANS LEBEN

Als deine Patin, dein Pate ist es mir nicht nur wichtig, was du dir zur Erstkommunion wünschst. Weil du was ganz Besonderes für mich bist, möchte ich dich auch immer wieder neu kennenlernen. Und wissen, was dich so beschäftigt. Und das heißt für mich auch, zu erfahren: Was wünschst du dir für deine Zukunft? Wie soll dein Leben mal werden? Was ist dir wichtig? Wer ist dir wichtig?

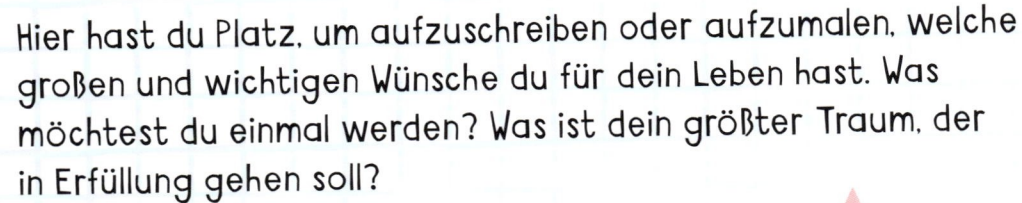

Hier hast du Platz, um aufzuschreiben oder aufzumalen, welche großen und wichtigen Wünsche du für dein Leben hast. Was möchtest du einmal werden? Was ist dein größter Traum, der in Erfüllung gehen soll?

Vielleicht schreibst du dir auch selbst einen kleinen Brief, den du hier einklebst und erst im nächsten Jahr oder noch später wieder öffnest. Du könntest mir den Brief aber auch schicken und ich bewahre ihn für dich auf. Dann können wir ihn nächstes Jahr zusammen lesen.

WAS KANN ICH FÜR DICH TUN?

Vielleicht hast du nicht nur Wünsche an deine Zukunft, sondern auch
ganz konkrete Ideen, was du gerne mit mir einmal erleben würdest:
ein Besuch übers Wochenende, zusammen kochen, einen Film schauen,
ein Konzert besuchen oder eine Nachtwanderung mit anschließendem
Lagerfeuer?
Aber da hast du sicher deine ganz eigenen Ideen! Und die kannst du
hier aufschreiben.

Du kannst sie außerdem auf eine Karte schreiben und mir schicken,
dann können wir zusammen überlegen, worauf wir beide am meisten
Lust haben.

Als Patin, als Pate
möchte ich nicht nur die Sonnentage
mit dir teilen. Ich möchte auch für dich da
sein, wenn es schwierig wird, wenn du traurig bist
oder jemanden brauchst, der dir zuhört.
Vielleicht kann ich nicht immer da sein in solchen Zeiten. Und
vielleicht bin ich auch nicht immer der Mensch, dem du alle deine
Sorgen erzählen möchtest. Aber du kannst gewiss sein: Ich bin in
Gedanken bei dir. Und mit meinem Herzen.
Und es gibt jemanden, der immer da ist. Der dir immer zuhört: Gott.
Er wird dir nicht antworten, so wie ich das könnte. Aber vielleicht spürst
du, dass du ein bisschen weniger traurig bist und es dir ein bisschen besser
geht, wenn du ihm erzählt hast, was dich traurig oder ängstlich macht.

Was ich dir wünsche?
Dass jemand neben dir geht,
der dich stützt,
wenn du stolperst auf deinem Weg
oder nicht mehr weißt, wie es weitergehen soll.

Dass jemand seine Hand über dich hält,
um dich zu beschützen,
wenn andere gemein zu dir sind
oder du spürst, wie die Angst dich überfällt.

Dass jemand starke Schultern hat,
um dich zu tragen,
wenn du meinst, du kannst nicht mehr,
deine Kraft reicht nur bis hier.

Dass es immer jemanden gibt,
dem du vertrauen kannst,
der dich in den Arm nimmt
und einfach für dich da ist.

DANKE!!!

Am Ende dieses Tages haben wir uns noch einmal in der Kirche versammelt. Es gab eine kleine Andacht, in der ihr alle Gott Danke sagen konntet für diesen Tag.

DANKE, DASS SICH ALLE SO GUT VERSTANDEN HABEN!

DANKE, DASS ALLE DA WAREN, DIE MIR WICHTIG SIND!

DANKE, DASS SO SCHÖNES WETTER WAR!

DANKE, DASS JEMAND SO LECKER GEKOCHT HAT FÜR MICH UND DIE GÄSTE!

DANKE, DASS ICH SO VIEL LACHEN MUSSTE!

DANKE FÜR DIE SCHÖNEN FOTOS!

DANKE, DASS ALLE MITGEHOLFEN HABEN, DASS ICH PÜNKTLICH IN DER KIRCHE WAR!!

DANKE, DASS MIR DIE HOSTIE NICHT RUNTERGEFALLEN IST!

DANKE FÜR MEINEN LIEBLINGSKUCHEN!

DANKE FÜR DIE TOLLEN GESCHENKE!

Vielleicht gibt es tatsächlich das eine oder andere, was so richtig toll war an deiner Erstkommunion und für das du gerne Danke sagen möchtest? Dann ist hier Platz dafür!

DANKE

Wenn du mal überlegst: Wahrscheinlich gibt es nicht nur an diesem besonderen Tag Menschen, Dinge, Erlebnisse, über die du dich freust. Sicher fallen dir auch Sachen ein, die dir in deinem „normalen" Leben jeden Tag gefallen, über die du glücklich bist, dass du sie hast, dass es sie gibt.

Magst du sie hier aufschreiben?

DANKE
Merci
THANKS
GRAZIE
GRACIAS
Teşekkür

Als deine Patin / dein Pate habe ich noch einen Grund mehr,
Gott ganz laut Danke zu sagen:

Danke, dass es dich, liebe(r)................gibt!
Und danke, dass ich dich begleiten darf,
an diesem besonderen Tag und noch für
lange Zeit danach.

Vielleicht spürst du nicht immer, dass ich da bin und dich
begleite. Aber du kannst es dir so vorstellen wie bei der
Firmung.

Weißt du, was das ist? Da wirst du noch einmal vor allen sagen, dass du an Gott glaubst und zur Gemeinschaft der Christen gehören willst. Dabei wird dir deine Firmpatin/dein Firmpate die Hand auf die Schulter legen. Damit wollen sie sagen: Ich bin da! Kannst du mich fühlen? Du musst dich nicht umdrehen, um mich zu sehen, ich bin hier, meine Hand stützt und schützt dich. Du kannst auf mich zählen.

Vielleicht kannst du meine Hand auf deiner Schulter spüren, wenn du mich brauchst. Du kannst auf mich zählen!

SEGEN

Weißt du, was ein Segen ist? Darüber habt ihr bestimmt auch im Kommunionunterricht gesprochen. Eigentlich steht er am Ende jedes Gottesdienstes.

Für mich ist ein Segen so etwas wie Gottes Hand auf meiner Schulter. Ein Gebet, das mich spüren lässt: Gott ist da, auch wenn ich ihn nicht sehe. Aber im Segen kann ich ihn in meinem Herzen fühlen.

Ich möchte dir einen Segen aus Irland mit auf deinen weiteren Weg geben. Und vielleicht kannst du dich dann in Gottes Händen geborgen und beschützt fühlen.

Gott gebe dir
für jeden Sturm einen Regenbogen,
für jede Träne ein Lachen,
für jede Sorge eine Aussicht
und eine Hilfe in jeder Schwierigkeit.
Für jedes Problem, das das Leben schickt,
einen Freund, es zu teilen,
für jeden Seufzer ein schönes Lied
und eine Antwort auf jedes Gebet.

VERLAGSGRUPPE PATMOS

PATMOS
ESCHBACH
GRÜNEWALD
THORBECKE
SCHWABEN
VER SACRUM

Die Verlagsgruppe
mit Sinn für das Leben

Die Verlagsgruppe Patmos ist sich ihrer Verantwortung
gegenüber unserer Umwelt bewusst. Wir folgen dem Prinzip
der Nachhaltigkeit und streben den Einklang von wirtschaft-
licher Entwicklung, sozialer Sicherheit und Erhaltung unserer
natürlichen Lebensgrundlagen an. Näheres zur Nachhaltigkeits-
strategie der Verlagsgruppe Patmos auf unserer Website
www.verlagsgruppe-patmos.de/nachhaltig-gut-leben

5. Auflage 2022
Alle Rechte vorbehalten
© 2018 Patmos Verlag
Verlagsgruppe Patmos in der Schwabenverlag AG, Ostfildern
www.verlagsgruppe-patmos.de

Umschlag- und Innengestaltung: Finken & Bumiller, Stuttgart
Umschlag- und Innenillustration: Anja Boretzki
Druck: Grafisches Centrum Cuno GmbH & Co. KG, Calbe
Hergestellt in Deutschland
ISBN 978-3-8436-0979-1